www.tredition.de

AF186340

Für meine verstorbene Frau Gerda

Karl-Heinz Mantel

Menschheitsprobleme

Erinnern
  Erleben
    Erkennen

Belasten sehr,
aber....
Bauer Ohle erzählt:

www.tredition.de

Verlag & Druck: tredition GmbH, Halenreie 40-44, 22359 Hamburg

ISBN
Paperback   978-3-347-34071-8
Hardcover   978-3-347-34072-5

Inhalt

Seite

Ein Wort voraus

Manchmal ist es schwierig, mit dem passenden Vorwort zu beginnen, zumal ich über weltweite Menschheitsprobleme schreiben möchte, die irgendwann oder plötzlich eintreten könnten. Und viele Menschen haben mit diesen Problemen mehr oder weniger Kontakt gehabt, diese Belastungen erleben zu müssen, wie Kriege und Terror, Kriminalität, Klimawandel oder Umweltsünden, Wirtschaftskrisen, Armut, Durst oder Hunger, politische Gefahren, Pandemien, Pflegenotstand, radioaktive Strahlen und unterschiedlichste Belastungen hierzu.

Jeder Mensch kann in seinem Leben mit diesen oder Folgeprobleme belastet werden.

So die Menschen, die Kriege erlebt haben oder plötzlichen Terror in irgendeiner Stadt erleben.

Gestern waren noch 10000 Euro auf dem Konto und morgen ist es abgeräumt, leer. Dann auch noch die täglichen Diskriminierungen der Frauen, dass der Mann bei gleichen Arbeitsleistungen mehr verdient als die Frau. Wirtschaftskrisen können auch mit Armut und Hunger drohen, aber noch schlimmer Pandemien mit tödlichem Ausgang oder mit wirtschaftlichem Bankrott, gar Pflegenotstand und, und......

Doch auch Veränderungen unserer Gesellschaft in unterschiedlichen Zeitabschnitten lassen oft Gedan-

1

ken wach werden, die interessante Betrachtungsweisen aufzeigen, manchmal nachdenklich werden lassen.

Einfacher wäre es, wenn Menschen ihre selbst produzierten Probleme erst gar nicht entstehen lassen würden...

I. <u>Menschheitsprobleme</u>

1. Kriege - Terror

<u>Kriege</u> hat es schon in der Frühzeit der Menschheit gegeben mit Steinäxten, dann mit Pfeil und Bogen, in gepanzerter Rüstung und mit Schwertern, auch mit Pferden und ihren bewaffneten Reitern. Selbst auf den Meeren wurde mit Ruder- oder Segelbooten gekämpft.

Aus den anfänglichen räuberischen Überfällen wurden in späteren Zeiten Eroberungs- und Unterwerfungskriege.

Es sind also mit Waffengewalt ausgetragene Konflikte zwischen Völkern.Krieg nimmt keine Rücksicht auf das Umfeld, auf Menschen. Spätestens mit der industriellen Revolution flogen Kanonenkugeln und Kriege wurden noch tödlicher.

Ich selbst musste einen der schlimmsten Kriege miterleben, durfte ihn überleben, den 2. Weltkrieg (1939-1945). Damals war ich 17 Jahre jung, als ich den Soldatenrock anziehen musste. Ausgezogen habe ich ihn mit 19 nach der Entlassung aus der Kriegsgefangenschaft. Weit über 60 Millionen Menschen verloren ihr Leben. Wie gut, dass wir in Deutschland über 75 Jahre ohne Kriege leben durften. Aber ich erinnere mich auch an den Geschichtsunterricht in derSchule, und dass der Lehrer stolz von der gro- ßen Völkerschlacht bei Leipzig (1813) erzählte. Heute leben wir friedlich, ja freundschaftlich und vereint in Europa zusammen.

Der letzte Weltkrieg 1939/45 hat die erbärmlichen Grausamkeiten gezeigt, die Kriege mit modernen Waffen (u.a. Atombomben) hinterlassen. Generationen übergreifend leiden die Menschen in Japan noch heute und es ist gar nicht abzusehen, wie lange noch.

Es gibt unterschiedliche Gründe oder Formen eines Krieges, so Religions- oder heilige Kriege, Angriffs- oder Verteidigungskriege. Es wird also immer einen Grund geben, Krieg zu führen; aber ist ein Krieg mit seiner grausamen Hinterlassenschaft überhaupt berechtigt? Schon seit der Antike hat man sich mit dieser oder ähnlichen Fragen beschäftigt, wie

Bewährung, Schicksal, Gerechtigkeit, Völkerrecht, gar freies Kriegsführungsrecht bis Gleichgewicht der Macht u.a.m.

Doch auf der Welt werden weiter Kriege geführt, zielgerichtet oder auch nicht. Allein die U.S.A. haben seit Bestehen rd. 200 Kriege geführt. Kriege und Konflikte werden weltweit ausgetragen und – Menschen, vor allem Kinder müssen darunter leiden, auch heute.

Erkennbar wird, dass Kriege unter Menschen Sorgen, Kummer, Leid, ja Schrecken und Ängste verbreiten; vor allem die mit vernichtenden Waffen, ob Atom, Gift oder sonst chemisch produzierten Keulen.....

Nicht weniger Ängste oder Schrecken bestehen in allen Ländern vor Terror, es ist aber auch Zwang und Druck durch politische Gewaltanwendung. Zum Beispiel geheime Kommissare einer Diktatur üben Terror gegen politische Gegner oder Presse aus. Alles geschieht oftmals willkürlich, um Zwang wie Druck oder Angst und Schrecken zu verbreiten. Weltweit sind Menschen dem Terrorismus ausgesetzt, nicht nur außerhalb Europas, son-dern auch hier in Europa (Frankreich, Italien, Spanien, England u.a., aber auch Deutsch- land). Diese politisch motivierten Gewalttaten werden auf den Bildschirmen weltweit aufge- zeigt; mal sind es religiöse oder politische Per- sönlichkeiten wie das Umfeld, aber auch oft zufällige Personen, die betroffen sind. Diese Anschläge zeigen einen Kampf „klein" gegen „groß" und oft auch die Hilflosigkeit von Re- gierung und Polizei auf, aber auch das Leid der Betroffenen.

Ursächlich sind unterschiedliche Faktoren, vor allem große Unterschiede zwischen reich und arm, Religionsstreitigkeiten, Hass, politische Persönlichkeiten u.a.m. Ohne auf Einzelheiten einzugehen, überrascht nicht, dass rund 40% der Weltbevölkerung sich Sorgen macht über

Terror und Kriege. Und – die beteiligten Völker wie das Umfeld unserer Artenvielfalt müssen leiden, oftmals nicht die, die ihn angezettelt haben...

Meine abschließenden Gedanken:

Nach dem Krieg pulsierte in allen Köpfen, die ihn erlebt hatten, der einfache Satz: „Nie wieder Krieg!" Ich glaube, wenn in den Köpfen der nächsten und übernächsten Generation der heutigen Produzenten und Waffenhändler dieser befreiende Gedanke der Überlebenden gefühlsmäßig aufgenommen werden könnte, gäbe es einen kleinen Hauch der Hoffnung...

Ihr Bauer Ohle

2. Umweltsünden

Es sind die Verhaltensweisen u.a. von Menschen und Industrie, wenn es um <u>Umweltsünden</u> geht.

Schon im täglichen Verhalten beginnt es:

- Leichtfertiges Wegwerfen von Plastikflaschen und Einwegverpackung
- Verschwendung von Wasser
- Schnell wechselnde Modekäufe
- Rauchen von Zigaretten
- Verbrauch von Strom aus Kernenergie oder fossilen Energieträgern
- Essen von zu viel Fleisch
- Ständige Luftverschmutzungen

Es ist nur ein Bruchteil der Umweltsünden, die wir selbst über Nutzungen oder im industriellen Bereich erleben.

Schon im Kleinen beginnt es, wie leichtfertig werden oft Kaugummi, Zigarettenstummel, Plastikteile, Batterien, Flaschen weggeworfen, im Wald liegen gelassen oder falsch entsorgt.

Giftige Unkrautvernichtungsmittel zerstören Garten- und Ackerböden und zusätzlich wertvolle Insekten, ‚Bodenlockerer', ja ganze Bienenvölker müssen sterben.

Unsere Städte, Häuser an Durchgangsstraßen leiden an unnatürlicher Luftverschmutzung, so werden die Grenzwerte des Stickstoffdioxid überschritten und oft weit über 40 Mikrogramm pro Kubikmeter. Noch müssen wir über das Auto als Verursacher schimpfen, doch Politik und Industrie haben über technische Lösungen Besserung gelobt.

Aber auch unsere Weltmeere verschmutzen an Plastikmüll. Rohöl, Fangnetze, vor allem kleine wie große Fische leiden oder müssen sterben. Selbst der Fisch auf dem Tisch lässt uns Menschen an diesen Verschmutzungen teilhaben. So gelangen über den Fischverzehr kleine Plastikpartikel in den menschlichen Körper. Und unsere Flüsse werden unsauber über Schadstoffe der Ackerböden und über Plastikmüll. Von den Flüssen gelangen die Verschmutzungen wiederum in die Weltmeere.

Ich erinnere mich gern an Kindertage während der Ferien bei Omas und Opas in Helmarshausen an der Diemel. Sie fließt hier in die Weser. Mit beiden Händen konnten wir Kinder kleine Fische in krisallklarem Wasser spielend schöpfen. Jedes Mal waren es 5 bis 10 kleine Fische; wir gaben aber nach wenigen Augenblicken die Fischchen in das Wasser der Diemel zurück. Heute haben Flüsse oft nicht mehr diese

Reinheit und Kinder können nicht mehr spielend diese Fischchen schöpfen....

Unsere Weltmeere und ihre Bewohner erleben das menschliche Vergnügen auf Traumschiffen nach jeder Fahrt als Leid. Denn sie hinterlassen Abfälle, Rückstände von Schweröl, Abwasser u.a., so dass unsere Meeresbewohner von diesen Abfällen fressen und der Artenvielfalt aus der Luft sehr oft das Vogelgefieder verklebt, eine traurige Bilanz.

Aber viele unserer Umweltsünden tragen mit und ohne Wissen vor allem zum Klimawandel bei, und zwar über den Ausstoß von Treibhausgasen, Kohlenstoffdioxid (CO_2) in die Atmosphäre; die Erwärmung nimmt weiter zu. Folgewirkungen müssen wir alle, die gesamte Artenvielfalt auf unserem und mit unserem so wertvollen Erdball erleiden.(siehe auch 3.)

Meine abschließenden Gedanken:

Erkennbar wird, dass Menschen keine Rücksicht auf ihre Erdmitbewohner der Artenvielfalt nehmen, sie müssen durch die Grausamkeiten der Umweltsünden, des Klimawandels u.a. erbärmlich leiden. Aber irgendwann kommt die Gegenwehr; sind es die kleinsten, Bakterien und Viren, die Epidemien und Pandemien auslösen? Na ja...

Ihr Bauer Ohle

3. Klimawandel

Vor Entwicklung der Primaten, vielleicht auch schon früher, könnte es unterschiedliche klimatische Veränderungen gegeben haben; es bleiben aber nur Vermutungen.

Sicher ist, dass weit später, im ersten Drittel des 19. Jahrhunderts, also mit Beginn der Industriellen Revolution in tropischen Ozeanen und der Arktis der Klimawandel auf unserer Erde mit Erwärmungen begann. Verursacher waren vor allem industrielle Betriebe, später Autos mit den Ausstoß von Kohlendioxid (CO_2) als größtem klimaschädlichen Verschmutzer, aber auch weitere schädliche Schadstoffe (u.a. Kohlenmonoxid(CO), Stickoxide (NO_X -NO, NO_2), Feinstaub. Erst wenige Autos, geringe Schadstoffe, dann mehr und mehr Autos mit Teilauswirkungen auf den Klimawandel, die Erderwärmung nahm zuvor allem, als der Boom mit dem Luftverkehr begann.Aber für den Klimawandel sind viele Faktoren mit verantwortlich, so u.a.:

- Abgase von Fahrzeugen (s.o.)
- Abgase von Flugzeugen (s.o.)
- Abholzung von Wäldern
- Verbrennung von Kohle

Im weitesten Sinn sind es die täglichen Umweltsünden (s. zuvor unter 2.), die erheblich zur Steigerung
des Klimawandels beitragen, insbesondere die immer
wieder neuen Rodungen des Regenwaldes. Allein in
Brasilien wurden etwas 40 Mio ha Wald abgeholzt.
Aber warum? Ganz einfach ‚um Ackerflächen für Soja
zu gewinnen. Weitere Gründe sind u.a Gewinnung
von Palmöl, das in vielen Produkten steckt, aber auch
Tropenholz, seltene Erden, Erze oder Gold wie Gier
nach weiterem Land.

Bereits mit der Abholzung fehlt nicht nur die kostbare
Aufnahme von CO2, sondern die gefällten Bäume geben nun gespeichertes Co2 ab, die Erderwärmung
steigt weiter.

Aber auch eine Art Bodenerosion wird vorbereitet,
weil der Ackerboden fehlerhaft bearbeitet wird mit
Giften gegen Unkraut, Überdüngungen, keine Brach-
zeiten. Böden werden trocken, kein gespeichertes
Wasser, so dass Stürme und Winde Böden als Staub
abtragen(Erosion). Doch guter Agrarboden lebt von
Organismen. Sie helfen mit, Nährstoffe und Wasser
zu speichern. Auch hier wirkt sich fehlerhaftes Verhalten von Menschen auf den Klimawandel aus.

Ein Förderer des Klimawandels ist immer noch die Verbrennung fossiler Brennstoffe. So die Luftverschmutzung auch in Städten, sie wird hauptsächlich durch Verbrennen von Kohle, Gas, Öl und auch Holz verursacht, erheblich erhöht durch Auto mit Auspuff und Staub.

Glücklicherweise beginnen Menschen zu begreifen, dass für Körper und Umwelt besser ist, weniger Fleisch zu essen. Sie leben nicht nur gesünder, sondern tun auch noch etwas gegen den Klimawandel. Gewaltige Mengen Tierfutter entfallen, weniger Tiere und damit weniger Methanausstoß von Schweinen, Kühen und Schafen. Doch das Zuviel an Fleischverzehr zeigt nachfolgend die erheblichen unsinnigen Sünden an unserer Artenvielfalt der Tiere auf:

Erst kürzlich las ich – und wir sollten alle in den Spiegel schauen -: In Deutschland werden in einem Jahr Unmengen an Fleisch- und Wurstabfällen entsorgt. Die Menge ist so hoch, dass auf die Zahl ganzer Tiere umgerechnet, rd. 10 Mio Tiere ohne jeglichen Nutzen sterben müssen. Diese Haus- und Schlachttiere, Enten, Puten, Gänse, Hühner, Rinder Schafe, Schweine und Ziegen werden mindestens 5 und oft bis zu 20 Jahre und höher an Jahren alt. Aber der Mensch gönnt ihnen bei diesen Massenschlachtungen nicht einmal einen Bruchteil erreichbarer Alterszahlen.

Meine abschließenden Gedanken:

Wir alle müssen unser Verhalten ändern, müssen erlernen, dass weniger oft mehr ist, vor allem die verschmutzenden Belastungen von klimaschädlichen Belastungen von Boden, Wasser und Luft erheblich vermindern.

Wir müssen schon heute an morgen denken, d.h. nachhaltig leben.

In einem Report der Vereinten Nationen von 1987 wird bereits aufgezeigt, dass eine Entwicklung nachhaltig ist, wenn sie die Bedürfnisse der Gegenwart befriedigt ohne zu riskieren, das künftig Generationen ihre eigenen Bedürfnisse nicht mehr befriedigen können; eine Vorgabe an uns Menschen und die drei beteiligten Säulen: Ökologie, Wirtschaft und Soziales.

Ihr Bauer Ohle

4. Armut-Durst-Hunger

Rund 800 Mio Menschen weltweit hungern und haben auch Durst. Das war aber nicht immer so. Was ist also Ursache?

Wir wissen, dass die Weltbevölkerung in den letzten 100 Jahren um das 5fache gestiegen ist, d.h. von rd. 1,5 Milliarden auf 7,8 Milliarden (ungefähr von 1900-2020) Aber 80 % der Weltbevölkerung leben in den Entwicklungsländern. Offensichtlich findet das sehr schnelle weltweite Wachstum der Bevölkerung in den ärmsten Länderregionen statt; ursächlich dürfte aber eine fehlende Sexualaufklärung sein. Diese sogenannte „Überbevölkerung" fördert den Klimawandel und das Artensterben über u.a. Wälder abholzen, Wildern, Ackerbödennutzungen.

Armut und Bevölkerungswachstum lassen sich vermutlich nur über stabile Regierungen und Geburtenregulierungen (Verhütungsmittel) mildern.

Hunger und Durst könnten weltweit über die Welthungerhilfe ein wenig gemildert werden. Vielleicht sollten Menschen begreifen umverteilend den Welthunger zu mildern. Denn weltweit werden

- 60% von unserem Getreide an das liebe Vieh verfüttert und
- 1,3 Mio to (1.300.000.000kg) Nahrungsmittel werden vernichtet

Hier könnte ein möglichst schneller Umdenkungs-prozess bei weltweiter Mithilfe, also keine Verfütte-rung und Vernichtung, auch Hilfe zur Selbsthilfe Hunger und Durst mildern und irgendwann stillen.

Im Ergebnis würde nach ermöglichter Umverteilung künftig weniger produziert werden können.

Meine abschließenden Gedanken:

Losgelöst von allen notwendigen Bemühungen der Hilfe, ohne absolute Abkehr von der Gier und zusätz-lich ein wenig Demut der Menschen, wird das Prob-lem nicht zu beheben sein.

Ihr Bauer Ohle

5. Wirtschaftskrisen

Ganz allgemein sind <u>Wirtschaftskrisen</u> sehr negatives Wirtschaftswachstum, also ein starker Rückgang der Konjunktur.

Wirtschaftskrisen gibt es schon, seitdem nach System gewirtschaftet wird, also auch in früheren Zeiten. Die Gründe einer Wirtschaftskrise können verschiedene Ursachen haben, so zum Beispiel:

- Wenn zu viel <u>ungedecktes Kapital</u> im Umlauf ist
- Bei <u>Spekulationsblasen</u> und Marktschwankungen
- Ein <u>Börsencrash</u>, der anschließend zu einem Dominoeffekt auch zu Wirtschaften anderer Staaten führt
- Sich eine <u>hohe Inflation</u> entwickelt
- Entdeckte <u>Missstände im Bankensystem</u> u.a.m.

Irgendwie werden fast immer, ganz gleich ob weltweit oder in dem jeweiligen Land mit einer Wirtschaftskrise, Menschen mehr oder weniger in ihrem kleinen Haushalt belastet, manchmal erheblich.

Von daher ängstigen sich Menschen vor drohenden Wirtschaftskrisen oder gar ihren drohenden <u>Folgen</u>, u.a.m. wie:

- Insolvenz

- Entlassungen
- Deflation oder Inflation, also Veränderung der Werte des Lohnes, der Gehälter
- Dito, der Preise

Die <u>Merkmale</u> einer <u>Wirtschaftskrise</u> sind u.a.

- Produktionsrückgänge
- Inlandsproduktionsabnahme
- Anstieg der Arbeitslosigkeit
- Erhöhte Firmen-Konkurse

Es zeigen sich also Missverhältnisse zwischen Angebot und Nachfrage, die Konkurrenzfähigkeit auf dem Weltmarkt sinkt. Die Krise kann auch auf einzelne Wirtschaftszweige begrenzt bleiben, besser, es gibt erst gar keine......

Welche Wirtschaftskrisen gab es in den vergangenen, gar früheren Zeiten weltweit, aber auch in Deutschland?

Bereits in früheren Zeiten bis heute gab und gibt es Wirtschaftskrisen. So die <u>Tulpenkrise 1637</u> in den Niederlanden bei Spekulationspreisen um die im 16. Jahrhundert eingeführten Tulpenzwiebeln; man schuf einen Einkaufsmarkt, also einen Handel mit begehrten Tulpenzwiebeln, die nicht real vorhanden waren. Die Tulpenkrise war also aus einer

Spekulation entstanden und führte zum Absturz in die Armut.

Spaniens mehrmaliger Staatsbankrott fing noch früher an, um 1607. Trotz Entdeckung der ‚Neuen Welt' des amerikanischen Kontinents, des Goldraffens u.a., brachten Kriege und hohe Inflation die Bankrotte.

Die niederländische Finanzkrise von 1773 kommt den heutigen Wirtschaftskrisen näher. Es war die Kreditkrise einer niederländischen Bank; Kredite warennicht ausreichend gedeckt.

Frühere Krisen waren u.a. noch die Mississippi-Blase, eine Aktienblase der Spekulationen im Jahr 1720.

Die Hamburger Handelskrise 1799 war mit verursacht durch die rd. 30 Jahre zurück liegende Kreditkrise einer niederländischen Bank u.a.m.

Die erste Weltwirtschaftskrise 1857 wurde ausgelöst von einem Bankangestellten, der in New York regio- nal in Eisenbahn- und Agraraktien investierte, ge- nauer spekulierte; es entstand eine weltweite Wirtschaftskrise.

Die zweite Weltwirtschaftskrise 1929 begann mit einem Absturz der New Yorker Börse. Sie wirkte sich auf die gesamte Weltwirtschaft aus, insbesondereauch in der noch jungen Demokratie in Deutschland.

Von nun an wurden Wirtschaftskrisen in ihren Abständen immer kürzer. Als die 2. Weltwirtschaftskrise 1929 ausbrach war ich drei Jahre alt. Später erlebte ich die Diktatur, den 2. Weltkrieg und anschließenden Zusammenbruch hautnah mit.

<u>1945 bis 1948</u> war eine Wirtschaftskrise in Deutschland, zwar blühte der Schwarzhandel, aber Menschen mussten hungern. Bei der Währungsumstellung waren 100 Reichsmark nur noch 6.50 Deutsche Mark wert. Zuvor war der Verfall der Reichsmark stark, so dass 1 RM - 0,01 Dollar(!) wert war. Nach der Währungsreform blühte die Wirtschaft wieder auf.

Aber auch die Währungsreform am 1.1.2002 halbierte die Deutsche Mark. Zwar half die preisliche Anpassung, führte aber in den Folgejahren in bestimmten Fällen weitere Verluste ein, in aller Regel nicht bei technischen Geräten.

<u>Echte Wirtschaftskrisen</u> (Finanzkrisen)waren

- 1974/75
- 1979/80
- 2002/03
- 2008/09

Sie waren aber begründet durch Folgen auf dem Weltmarkt, so zum Beispiel die Ölpreiskrise 1973.

Die Finanzkrisen 1981/82 und 1992/93 dienten im weitesten Sinne der Konsolidierung der öffentlichen Haushalte.

Von den in der Vergangenheit aufgetretenen Wirtschaftskrisen war die 2. Weltwirtschaftskrise 1929 die härteste Krise mit den entsprechenden Zerstörungen von Firmen und Arbeitsplätzen, Abstürze von u.a. Geldwerten und Preisveränderungen, Elend und Not in der Bevölkerung.

Ein wenig in Vergessenheit geraten sind Geldwertveränderungen, also De- und Inflation (- oder +). Als Beispiel möchte ich die Hyper-Inflation von 1923 nennen. Sie zeigte die katastrophalen Auswirkungen des 1. Weltkrieges und der lang anhaltenden Inflationszeit von 1914 bis 1923 auf. Es war eine erhebliche Geldentwertung bis zum eigentlichen Höhepunkt 1923, ursächlich war das für den 1. Weltkrieg benötige Geld und die Schadensersatzforderungen der Siegermächte. Jahr für Jahr wurde die Geldentwertung höher, so dass bereits Monate vor dem Höhepunkt ein Monatslohn für ein Brot bezahlt werden musste. Für alle beteiligten Menschen war es eine kaum zu begreifende Leidenszeit, und dies alles in einer blutjungen Demokratie. Wie rasant der Geldverfall der Reichsmark war, zeigen folgende Vergleiche mit Brot:

Ende April kostete	1 Brot	400 RM
Ende Juli kostete	1 Brot	2000 RM
Ende September kostete	1 Brot	14.000.000 RM

Bezahlen mit einzelnen Geldscheinen war bald nicht mehr möglich, man legte, so vorhanden, ganze Bün- del RM auf den Ladentisch. Die Inflation stieg rasant, anfangs noch 5 bis 10fach, später 100, 1000, 10000 fach und mehr. Die Menschen in Deutschland litten an Hunger, wurden staatsverdrossen, raunten aber, der Staat habe sich saniert...

Aber- erkennbar wird die Wirtschaftskrise „Inflation 1923" durch die Belastungen für die junge Demokratie und die schwerwiegenden Folgen danach.

Meine abschließenden Gedanken:

Nun, Wirtschaftskrisen versetzen die Bevölkerung mit den aufgezeigten Folgen fast ausnahmslos in belastende Abhängigkeiten, die schlimmsten sind: arbeits-, geld- und sprachlos über die kriselnden Bitterstoffe von Kummer, Sorgen, Not und Elend. Und- zur Zeit leben wir auch nicht in einer normalen Wirtschaftswelt: es kriselt u.a. mit dem sogenannten leichten Geld, keine Zinsen, Verluste DM/EURO, Abbau

von Bankfilialen, Ansteigen der Preise für Edelme-
talle. Vielleicht geht es aber auch ohne „Crash"......

Ihr Bauer Ohle

6. Politische Gefahren

6.1. Demokratie- Diktatur

Demokratie kommt aus dem Griechischen und heißt: "Herrschaft des Volkes", das heißt, die Demokratie geht von der Gleichheit und Freiheit der Bürger aus, und dass die Willensbildung des Volkes vom Willen des gesamten Volkes ausgeht. Vereinfacht hat seinerzeit Lincoln gesagt: „Regierung des Volkes durch das Volk für das Volk". Etwas umfangreicher und sehr präzise sagt es uns das Grundgesetz.

Verständlich, dass eine Demokratie Gefahr wittert, wenn sich eine diktatorische Tendenz bemerkbar macht.

Diktatur kommt aus dem Lateinischen und heißt: Herrschaft mit unbeschränkter Macht einer Person oder Gruppe. Zu unterscheiden sind drei Machtverhältnisse:

- Diktatur mit Macht in einer Hand oder Gruppe
- Diktatur vorübergehend bei Notstand
- Diktatur als Herrschaftsform des Proletariats in der Übergangszeit der klassenlosen Gesellschaft

Eine Dauerherrschaft der Diktatur ist verbunden mit der Aufhebung der Gewaltenteilung (Exekutive, Legislative, Judikative)

Die Gewaltenteilung ist eine tragende Säule der Demokratie. Und erkennbar wird, dass innerhalb der Europäischen Union (EU) bei dem einen oder anderen Staat Veränderungen an seinen demokratischen Prinzipien vorgenommen wurden, manchmal wie ein kleiner Diktator.

So ist zu verstehen, dass auch die EU beginnt, behutsam bei der Geldverteilung diese Tendenzen zu beachten.

In Deutschland war unsere 1. Demokratie der Weimarer Republik von 1918 bis 1933, davor herrschten Könige und Kaiser.

Von 1933 bis 1945 war die Macht in Hitlers Hand, also eine Diktatur.

Nach dem 2. Weltkrieg wurde mit dem Grundgesetz am 23.05,1949 der Grundstein (die Regelungen) für die Demokratie gelegt. Der erste Kanzler war Konrad Adenauer und wurde am 15.09.1949 gewählt. Wir haben also seit über 70 Jahren schon unsere 2. Demokratie. Schön, dass die DDR seit der Wiedervereinigung 1990 dazu gehört und das Übergangs-Grundgesetz von 1949 als gemeinsames Grundgesetz unsere endgültige Verfassung ist.

Hier ist unsere Politik gefragt, nach ihrer Kunst der Staatsverwaltung (Politika), also der Norm des Grundgesetzes als Verfassung. Aber es lauern für unsere Politik in ihrem eigenen Umfeld Gefahren, u.a. in der Gesetzgebung wie Abkommen mit anderen Staaten. Es ist schwierig die hundert- bis tausendfache Menge an Seiten in Einzelfällen und damit fast unmöglich, den jeweiligen Sachverhalt mit zusammenhängenden Sachverhalten vergleichbar zu verstehen oder vereinfacht, es ist selbst für den Abgeordneten, auch fachorientiert, kaum noch zu überschauen. Ängste, Zweifel werden geschürt und Fragen aufgeworfen.

Erkennbar wird auch, dass die <u>digitale Revolution</u> in unseren politischen Verwaltungen und auch Schulen nicht voll angekommen ist. Auf jeden Abgeordnetenplatz und jede Schulbank gehören PCs. Oberstes Gebot dabei ist die <u>Cybersicherheit</u>.

Hier muss unsere Politik aufpassen, denn das Internet birgt auch Gefahrenfelder für die Demokratie, ihre Gegner tummeln sich hier, nutzen zum Nachteil der Demokratie ihre Informationsfreiheit mit Lügen aus. (s. 10.1 Meinungsmache)

Liebe Politik, vergessen Sie bitte nicht die <u>Wahl-</u>
<u>rechtsreform</u>, denn die Überhangmandate lassen eine
Schrumpfung nicht zustande kommen. Gegner der
Demokratie werden es nutzen. Denn in unserer Demokratie gilt immer noch: ohne Leistung kein Geld.
Mit der angedachten Reform wird niemals die Soll-
größe vom maximal 598 Abgeordneten erzielt, sondern, wie schon bisher um hundert und mehr Abgeordnete höher; der Container lässt grüßen.

Abgeordnete werden gut bezahlt. Der Volksmund
sagt: Für eine reine und überwiegend geringe Anwe-
senheit viel zu gut." Keinesfalls gilt dies für die ar-
beitsamen, entwicklungsfreudigen in Arbeitsausschüssen u.a. und ohnehin auch regelmäßig anwesen-
den Abgeordneten.

So wäre ein verkleinertes Parlament mit gleichfalls
verkleinerten Arbeitsausschüssen weitaus effektiver,
insbesondere als Demokratie.

Die „Gier nach der Macht" wird vermutlich der Feind
Nr.1 der Demokratie sein. Denn diese Gier setzt sich
über alle Tugenden des einst Erlernten, die eigene
Gier nach Macht versteckend, wissentlich, also heim-
tückisch hinweg.

Dieses Verhalten kann man insbesondere vor Wahlen beobachten und – innerhalb wie außerhalb der sich zur Wahl stellenden Parteien.

Damit dies alles möglich ist, bedient sich der ‚ nennen wir ihn‘ Machtgierige‘

1. Seiner Schlepper, sie leisten beeinflussende Arbeit innerhalb der Machtlenker, sowie
2. Der öffentlichen Meinungsmacht über digitale Instrumente für hören und sehen oder lesen.

Meine abschließenden Gedanken:

Also aufpassen, beachten Sie mal das Verhalten bestimmter Politiker und schauen in ihre Gesichter; da ist längst das Feuer der Macht als Gier entfacht. verhüten sie die Übergabe....

Ihr Bauer Ohle

6.2 Diskriminierungen

Diskriminierung kommt aus dem Lateinischen und spricht von Unterscheidung. Von daher ist Diskriminierung

1. politisch im Außenhandel bei unterschiedlicher Behandlung von Partnerstaaten (z.B. innerhalb der EU oder Zölle, Importverbote) So tritt auch die Welthandelsorganisation (WTO) für Verringerungen der Diskriminierungen ein.
2. Zwischenmenschlich ungleiche Behandlung oder Benachteiligungen von sozialen Minderheiten rassischer oder ethnischer Zugehörigkeit(u.a. Hautfarbe, Religion, Geschlecht)

Unterschiedliche Behandlung von Partnerstaaten, als Export-Import wird immer noch – auch wohl politisch gezielt gewollt – praktiziert.

Weit politisch und vor allem menschlich belastender ist der zwischenmenschlich ungleiche Umgang mit sozialen Minderheiten (s.0.2). Die Antidiskriminierungsstelle des Bundes (ADS) beklagt die gemeldeten, ja steigenden Fälle.

Der einfache Fall und Dauerbrenner ist der zwischen Mann und Frau bei gleicher Arbeit: hier hat derMann höheren und die Frau geringeren Verdienst.

Von daher konnte man als 1. die Tarifpartner bisher nicht verstehen und 2. müsste nun dringend das allgemeine Gleichbehandlungsgesetz (AGG) umfassend reformiert werden.

Losgelöst vom Tarifverhalten für Mann und Frau hinsichtlich des unterschiedlichen Verdienstes bei gleicher Arbeit, bestehen erhebliche Belastungen bei den häufigen Diskriminierungen im täglichen Umgang mit Voreingenommenheit, Hass, Besserwissen u.a. gegen Kriegsflüchtlinge, Andersgläubige, Politiker, Parteiangehörige , Lesben, Schwulen, Hautfarbige u.a.m.

Vielleicht hilft aber meine persönliche Feststellung, ja Erkenntnis im Umgang mit Menschen über lange Jahre. Ich habe als erstes meine Eltern erlebt, die als Arbeitssuchende von Nordhessen nach Bochum im Ruhrgebiet ausgewandert und dort gut aufgenommen worden sind. Hier erlebte ich nach meiner Heimkehr aus der Kriegsgefangenschaft die ersten Flüchtlinge aus Ostpreußen, Posen, Sudetenland, Schlesien u.a., sie waren liebenswert, strebsam und erreichten gute bis sehr gute Berufsziele, ihre Kinder konnten später teilweise studieren.

Die zweite Welle Nichteinheimischer erlebte ich mit den Gastarbeitern aus Italien, Spanien, Türkei u.a.

Meine persönliche Erkenntnis war hier, dass es sich um willensstarke, kluge Menschen handelte und ich glaube, sonst hätte ihnen auch der Mut gefehlt, in eine ungewisse Zukunft zu gehen. Auch hier waren die in Deutschland geborenen Kinder schulisch oft ziemlich weit vorn, wechselten meist aufs Gymnasium.
Die nächsten Wellen waren dann Flüchtlinge aus Kriegsgebieten, später aus Terrorgebieten! Auch Kinder der ersten Flüchtlingswellen erlernten sehr schnell die deutsche Sprache, wollten mehr, sind heute z.T. erwachsen.

So weit, so gut und wir dürfen nicht vergessen, dass sie sich in unsere Produktionsgesellschaft längst ein-gegliedert haben,

- zahlen Steuern,
- zahlen Rentenbeiträge,
- zahlen Krankenkassenbeiträge u.a.m.

Sie arbeiten bei der Polizei, Feuerwehr und in der Müllabfuhr, als Arzt, in der Pflege, beim Fernsehen, an der Universität.

Sie sind längst heimisch geworden und eine oder ei-ner von uns!

Und beim nächsten Fernsehabend oder -morgen schauen wir mal genau hin, dann sehen wir bereits die Kinder ehemaliger Flüchtlinge oder Gastarbeiter als:

- Ansager(in)
- Moderator(in)
- Kameramann(frau)
- Schauspieler(in)
- Virologe/in
- Pfarrer(in)
- Beruflich Beteiligte
- Medaillen-Gewinner(in) bei Olympia

täglich in verschiedenen Sendungen. Und vielleicht waren auch unsere Vorfahren vor vielen hundert Jahren einmal Flüchtlinge, vielleicht....

Vermutlich sahen sie die Fremden als Freunde an, die sie noch nicht kannten.

Meine abschließenden Gedanken:

Deutlicher kann man es gar nicht aufzeigen, also auch im Fernsehen sehen wir Kinder unserer Einwanderer. Jedenfalls wird erkennbar, Diskriminierung belastet unnötig alle Beteiligten, jede Gesellschaft.

Ihr Bauer Ohle

7. Kriminalität

Bei Kriminalität handelt es sich um Vergehen und Verbrechen als Straftat, in seiner Gesamtheit ist damit grundsätzlich der Vorsatz verbunden. Kriminalität kommt in unserer Gesellschaft zu häufig in allen zwischenmenschlichen Gruppen vor.

Was mich immer wieder überrascht, ist der Ideenreichtum bei Straftaten, aber auch Muster, die sich ständig, oft zu reichlich wiederholen, Und- wir sehen täglich im Fernsehen Vergehen und Verbrechen in laufenden Programmen, Serien, Filmen, Dramen, Thrillern, abrufbar auch in Mediatheken. Ich glaube, dass sie mehr erschreckend aufklären und unterhalten als zur Nachahmung geeignet sind.

Es gibt unterschiedliche Straftaten, schwere oder leichte, Körperverletzungen oder Mord, Einbruch oder Betrug, Steuerhinterziehungen oder Geldwäsche. Die Wortkette der Straftaten wäre unermesslich lang, würde man weiter aufzählen.

Aber es gibt auch andere Betrachtungsweisen der Kriminalität, die nicht von ungefähr Betroffene in Angst, Schrecken und oft schlaflose Nächte versetzen. So u.a.

- Motorradraserei, die aufheult
- Organisierte Diebstähle
- Autorennen mit Folgen

- Clan-Kriminalität
- Jugend-Kriminalität
- Autofahren ohne Führerschein mit Folgen
- Autofahren mit Alkohol, Drogen u.a.m.

Ein Massenbetrug, ja Gesellschaftsbetrug ist die Steuerhinterziehung!

Es ist oft ‚GG‘; gemeint ist nicht das Grundgesetz, sondern die Gier nach Geld, und diese Gier wird in unserer Gesellschaft die Kriminalität füttern. Vor allem daran erkennbar, dass mit der digitalen Revolution schon jetzt und für die Zukunft, die Cyber-Kriminalität auf den Plan gerufen hat.

Was ist Cyber-Kriminalität? Sie versetzt bei ihren Cyber-Attacken Angst und Schrecken bei den Beteiligten in unserer neuen digitalen Welt....

Welchen digitalen Angriffen ist man bei der Cyber-Kriminalität ausgesetzt?

- Betrug im Internet
- Betrug bei E-Mail
- Diebstahl von Kreditkarten
- Diebstahl von Finanzdaten
- Diebstahl von eigener Identität mit anschließendem Missbrauch
- Diebstahl von Unternehmensdaten

- Erpressersoftware-Angriffe
- Geldforderung von Hackern mit Angriffsdrohung u.a.m.

Erkennbar wird schon heute, dass es für die Zukunft einer wirklich professionellen Cyberabwehr bedarf, und dass vermutlich normale Security-Software vor immer größer werdenden Problemen stehen wird. Aber mit dem digitalen Fortschritt wächst auch das Sicherheitsdenken beim BKA (Cybercrime) bei der professionellen Cyberabwehr (u.a. Microsoft Cloudservive, T-Systems), und wir dürfen hoffen, dass es Hacker künftig schwerer haben werden, ihre Attacken positiv abzuschließen.

Meine abschließenden Gedanken:

Viele Menschen haben schon mal ihre Geldbörse oder Brieftasche verloren oder wurde gestohlen. Und fast alle der belasteten Menschen sagen stöhnend: „Das Geld ist gar nicht so wichtig, die Kreditkarte habe ich sperren lassen, aber die Ausweise und Papiere sind ein Problem...."

Und manchmal können selbst Diebe ein wenig Erleichterung in ihre Handlungsweise bringen, plötzlich findet der Bestohlene in seinem Briefkasten,

Geldbörse oder Brieftasche mit allen Ausweisen und Papieren.....

Ihr Bauer Ohle

8. Pandemien

9

<u>Pandemie</u> ist eine weltweite Seuche, also Infektionskrankheit durch Viren, auch Bakterien ausgelöst, zeitlich unterschiedlich begrenzt und wird medizinisch oder sozial beendet.

Aus historischer Sicht gab es schon seit Menschheitsgedenken Pandemien, so u.a. die Pest, Spanische Grippe, Pocken, Cholera u.a.m. und zur Zeit die Corona-Pandemie (Covid 19) Auslöser sind Viren, also keine Bakterien. Während Bakterien Einzeller sind, ihre Zellen teilen können, einen Stoffwechsel haben und als Lebewesen bezeichnet werden, sind Viren Partikel, benutzen Zellen, um zu reproduzieren, ein eigener Stoffwechsel ist nicht vorhanden und sie sind keine Lebewesen.

Seit tausenden von Jahren lösen Pandemien Ängste und Schrecken aus. Italien riegelte in Reggio 1374 bei der auftretenden <u>Pest</u> ab und in Venedig mit Passkontrollen, Schiffe mussten in Quarantäne. Deutschland war auch nicht untätig. Es gab Häuser für Pestkranke zur Isolierung, zum Schutz der Nichtkranken. Auslöser war das Bakterium Yersinia pestis von Ratten, überwiegend Flohbisse und von Mensch zu Mensch übertragen.

Bei <u>Pocken</u> war die Sterblichkeitsrate besonders hoch, rd. Ein Drittel der Erkrankten mit dem Variola-Virus starben.

Diese Pandemien gab es schon bei den Wikingern in nordischen Ländern. Wer sie überstanden hatte, war ein Leben lang immun. Auch bei den späteren Impfkampagnen, einschließlich die der WHO weltweit ab 1967 bis rd. 1980.

Die <u>Spanische Grippe</u> hatte drei Wellen:

1. Frühjahr 1918 2. Herbst 1918 3. Ende Sommer 1919

und wurde in den U.S.A. ausgelöst durch einen Abkömmling des Influenzavirus; weltweit starben rd. 40 Mio Menschen.

Seit Januar 2020 haben wir wieder eine weltweite Pandemie in Deutschland: Corona, ausgelöst in Wuhan in China durch den Corona-Virus Covid 19. Nach gut einem Jahr, am 28.07.2021 zeigt die Statistik Deutschland

- 3.761.169 Coronafälle
- 3.664.910 Genesene
- 91.586 Todesfälle

auf.

Laut RKI wurden 90.3 Mio Impfdosen verabreicht. 61,1% der Bevölkerung hat mindestens eine Impfdosis erhalten

Dank der aufopfernden Leistung medizinischer und pflegerischer Kräfte halten sich die Zahlen im Verhältnis weltweit in erträglichem Rahmen. Wesentliche Planungen, Lenkungen und Entscheidungen (AHA, 2 G, 3 G, Impfungen, Lockdown: ja, nein, Lockerungen

u.a. haben Virologen und Politik gemeinsam gemeistert. Doch ohne die wertvollen Helfer vor Ort, Ärzte, Pfleger und Zubringer-Dienstleistungen helfen auch die besten Steuerungen nichts. Und- mit den Auswirkungen der Pandemie wurde, nicht einmal plötzlich, der sogenannte Pflegenotstand mehr als verdeutlicht. Erkennbar wurde aber auch, dass diese hilfreiche Arbeit am Menschen bisher nicht wertgeschätzt worden ist. Vereinfacht und deutlicher ausgesprochen, es mangelt mehrheitlich an leistungsgerechtem Lohn. Hier muss sicher einiges neu organisiert, verhandelt und entwickelt werden.

Die Impfungen haben knapp einem Jahr nach Ausbruch der Pandemie begonnen. Diese kurze Zeit ist für Forschung, Entwicklung und Erprobung und Herstellung eine sensationell kurze Spanne, sie dauert sonst mehrere Jahre.

Nun ist zu hoffen, dass nach einer guten Impfbeteiligung auch eine gute Immunität eintritt. Doch wann wird die Pandemie beendet sein, und dann?

So bleibt zum Wohle aller zu hoffen, dass unsere wertvollen Helfer es schaffen, mit Impfungen, Testen, AHA u.a. uns in die Normalität zu führen.

Meine abschließenden Gedanken:

Wertvolle Helfer sind vor allem Mitmenschen, die in Krankenhäusern, Pflegeheimen, Impfzentren, ambulant und auch sonst pflegen, medizinisch betreuen, impfen u.a. Es ist keine leichte Aufgabe, auch nicht in der Pandemie zu aller Zufriedenheit das gesamte Umfeld zu organisieren. Wie gesagt, übrig bleibt die Hoffnung und Dankbarkeit an unsere wertvollen Helfer und – möge der sich in der Pandemie sehr stark bemerkbare Pflegenotstand nicht generell zum Menschheitsproblem entwickeln.

Ihr Bauer Ohle

9. Atommüll

So richtig scheint der Atommüll weltweit noch nicht als Belastung für die Menschheit erkannt worden sein, aber immer mehr erkennen.....

Denn das Problem mit radioaktiven Strahlen, Strahlen, die sich bereits über Jahrzehnte im Umfeld von Atomkraftwerken bemerkbar gemacht haben, bei den Menschen in der Nähe, aber auch bei kilometerweiten Entfernungen. Eine längere Strahlenexposition von einem Jahr erhöht das Krebsrisiko von Brustkrebs, Lungenkrebs, Leukämie oder Schilddrüsenkrebs. Diese radioaktiven Strahlenbelastungen werden in Sievert(SV) gemessen.

Menschen, die leiden müssen, die Angehörigen von Verstorbenen oder Atomgegner sagen es einfacher: „Atom tötet!"

Nun, der Atomausstieg ist in einem Jahr: 2022, das Endlager wird noch gesucht. Zur Zeit haben wir in Deutschland an Atommüll:

- 600.000 Kubikmeter, der schwach bis mittel-aktiv ist
- 30.000 Kubikmeter, der hochaktiv ist.

Auch in anderen Ländern Europas sucht man oder hat Endlager gefunden. Einige Beispiele vorab:

- Schweden und Finnland bauen auf Endlager in Granit
- Schweiz und Frankreich benutzen für ihre Endlager Tonschichten
- Deutschland im Vergleich hatte oder sucht Salz oder Ton bis 2031.

Aber es erfolgten seit der Atomkatastrophe von Fukushima nach einem Tsunami Gesetzesvorgaben bei der Suche nach dem Endlager auf der Basis nach geologischen Grundsätzen.

2013 Standortwahlgesetz
2014 Kommission für Lagerung hoch radio-
     aktiver Abfallstoffe
2017 Gesetz zur Fortentwicklung des Standort-
     Auswahlgesetzes
2031 Standortsuche soll abgeschlossen sein
2050 Atommüll soll endgültig eingelagert werden

Die Suche auf der weißen Landkarte in Deutschland übernimmt die BGE (Bundesgesellschaft für Endlagerung). Die vorgegebene weiße Landkarte Deutschland soll in drei Phasen skizziert und dabei für die Endlagersuche suchraummäßig eingeengt werden. Am Ende jeder Phase prüft das BASE (Bundesamt für die Sicherheit der nuklearen Entsorgung). Nach Info kann das Bundesumweltministerium Bundestag und

Bundesrat in Kenntnis setzen. Die drei Phasen werden also über ein Gesetz abgesegnet.

Aber- 1. Reicht diese vorgegebene Zeit aus?

Und- 2. Macht es überhaupt Sinn, auf der vorgegebenen Landkarte zu suchen?

Zu 1. Nein, zu 2. Nein.

Die einfache Begründung, es gibt in Deutschland kein sicheres Endlager für radioaktiven Atommüllabfall für voraussichtlich 1.000.000 Jahre, d.h, eine 10x längere Zeit als Menschen(d.h. von der abgeschlossenen Entwicklung der Primaten, also des ‚homo sapiens') auf unserem Erdball bisher gelebt haben.

In dieser Zeit von 1 Mio Jahren gibt es auch Veränderungen mit unserer 25.000 m bis 50.000 m maximal starken Erdkruste (Vulkanausbrüche, Erdplattenverschiebungen, Meteoriteneinschläge, Unwetter u.a.m.)

Ob Ton, Salz oder Granit, Wasser findet nachweislich immer einen Weg, auch in 300 Meter Tiefe, also der rd. 1% durchschnittlichen Erdkrustenstärke einen Weg zu finden. Es macht also keinen Sinn, in Deutschland einen geeigneten Standort für ein Endlager zu suchen, vor allem, weil hier in Deutschland eine zu hohe Bevölkerungsdichte vorhanden ist. Es muss europa-, ja weltweit gesucht werden.

Nun wird zwar auf der sogenannten weißen Landkarte deutschlandweit weitergesucht, vielleicht nach
Ton, Salz oder gar Granit, aber wir müssen vor allem
an unsere Bevölkerungsdichte denken. Pro Quadrat-
meter sind es 233 Einwohner, zum Vergleich, Russ-
land hat 8,4, Island, 8,5. Finnland16,3.....
Hinsichtlich der Bevölkerungsdichte soll damit aufgezeigt werden:
Suchen wir auf der richtigen Landkarte?
Zwar bemühen wir uns, das richtige Endlager zu finden. Aber es müsste dort gesucht werden, wo im Umfeld von radioaktiven Gefahrenkreis-km kein Mensch
wohnt. Erkennbar wird: Wir suchen auf der falschen
Landkarte!
Denn es ist sicher ein europaweites oder auch weltweites Problem. Vielleicht wird aber ein menschenleeres Fleckchen als Endlager gefunden. Selbst in Europa haben wir riesige Flächen, die sehr viele Quad-
ratkilometer weit, menschenleer, nicht bewohnt sind.
Wenn der Gedanke europaweit, weltweit aufgekom-
men ist, so liegt sicherlich eine berechtigte Grundlage
vor:
Innerhalb der EU gibt es 14 Staaten mit 140 Atomkraftwerken, weltweit sind es 400! Deutschland ist allein mit radioaktiven Atomkraftmüllstellen rd. 60 mal
bestückt, von Norden bis Süden und Westen his

Osten. Selbst Atomkraftwerke sind noch in Betrieb oder bereits abgerissen, Forschungsreaktoren, wie vor, Atomfabrik in Betrieb oder abgerissen, Urananreicherungsanlage, Zwischenlager für hochradioaktive Abfälle, Zwischenlager für schwach- und mittelradioaktive Abfälle, Endlager für radioaktive Abfälle wie verworfene, Halden von 1 Mio Tonnen und mehr, kleine Halden um 170 tausend Tonnen.

Als Beispiel möchte ich das Zwischenlager für schwach- und mittelradioaktive Abfälle Würgassen herauspicken. Es war über Jahrzehnte ein Atomkraftwerk, das 1994 stillgelegt und später dann bis 2014 innerhalb eines 10-Jahreszeitraums zurückgebaut worden ist und auch in eigener Sache als kleines Zwischenlager dient.

Würgassen ist ein kleiner Ort in Nordrhein-Westfalen, grenzt nördlich an Niedersachsen und südlich über Herstelle an Hessen mit Bad Karlshafen. Nahe Städte sind nördlich Höxter und Nordheim, westlich Paderborn, südlich Hofgeismar und Kassel und östlich Göttingen. Das nähere Umfeld des Dreiländereck mit Weser und Diemel, Reinhardswald, Solling und Wesergebirge ist (nun wieder) Naherholungsgebiet, trotzdem gerät das ganze Umfeld mit dem nach und nach bekannt gewordenen Vorhaben einer vom Staat eingesetzten Bundesgesellschaft für Zwischenlagerung (BGZ, Gesetz von 2017), dass das im Gesetz vorgesehene Bereitschaftslager Würgassen werden soll. Das Bereitschaftslager soll für das vorgesehene Endlager Schacht Konrad in Salzgitter für schwach- und mittelradioaktiven Atommüll und den in ganz Deutschland gelagerten Atomabfall in Würgassen rotierend überprüfen. Hierzu hat sich die BGZ für das im Gesetz von 2017 Bereitschaftslager eine neue Formulierung als Logistikzentrum ausgedacht. Hierzu will man nun in Würgassen, im Dreiländereck Hessen-NRW-Niedersachsen ein Logistikzentrum als Bereitstellungslager bauen und zwar

- eine Stahlbetonhalle mit
- 325 m Länge
- 125 m Breite u.
- 16 Meter Höhe

Und dann soll der gesamte schwach- bis mittelradioaktiver Abfall, also etwa 95% der gesamten radioaktiven Abfälle aus ganz Deutschland über Schienen transportiert in Würgassen nach einem bestimmten Kriterium sortiert, dann über Schiene und Straße zurück ins Endlager Schacht Konrad in Salzgitter transportiert werden.

Aber- für den gesamten Atommüll gilt das bisher Gesagte: es ist ein europa-, ja weltweites Problem – und jedes benötigte Genehmigungsverfahren in Deutschland muss aus den zuvor aufgezeigten Gründen und vor allem für den tausendfachen Generationenschutz unmissverständlich scheitern.

Meine abschließenden Gedanken:
Ich glaube nicht nur, nein ich bin sicher, dass hier in Deutschland die
  a. Bevölkerungsdichte und
  b. Suche nach einem Endlager
aufzeigen, dass niemals für Menschen gesichert werden kann, nicht mit radioaktiven Strahlen lebensgefährdend belastet zu werden.
Schon im normalen Leben stürzen Brücken und Häuser ein, Straßen müssen schon nach zig Jahren erneuert werden, Unwetter, Erdbeben u.a. lassen einstürzen, verändern die Erdkruste, aber auch heutige Bausubstanzen sind nach Jahren bauanfällig. Wir können nicht schon heute für tausende von Generationen vorplanen. Vielleicht hilft die Suche dort, wo keine Menschen leben, auch niemals nachfolgende Generationen sein können.

Ihr Bauer Ohle

I. Auswirkungssplitter

1. Meinungsmache

Man könnte einige Begriffe für <u>Meinungsmache</u> gebrauchen, wie Einflussnahme, Lenkung, Propaganda, Manipulation u.a. und man merkt schon, sie ist weltweit zu finden, insbesondere in der virtuellen Scheinwelt, das können Fernsehen/Computer/Smartphone sein und Meinungsmache kann bewusst und unbewusst in Erscheinung treten. Aber Meinungsmache kann sich auch weltweit auf Menschheitsprobleme auswirken. Vielleicht war sie in Vorzeiten als Dorfklatsch, Intrigen, Falschverbreitung militärischer Stärken auch vorhanden u.a., aber es war nicht möglich, innerhalb weniger Minuten/Stunden Millionen von Menschen zu erreichen.

Seit der digitalen Revolution ist dies möglich. Zwar überwiegen die so wertvollen wirtschaftlichen, vor allem industriellen wie medizinischen Errungenschaften und die im Haushalt. Aber neben diesen positiven Entwicklungen zeichnen sich auch die negativen ab und hierzu zählt die Meinungsmache in ihrer Vielschichtigkeit. Man mag es auch daran erkennen, dass alle übrigen Menschkeitsprobleme sich mit Meinungsmache, also u.a. Einflussnahme auseinandersetzen müssen! (s.a uch I. 1-9) Bei Kriege und Terror können Falschmeldungen irritieren, Verständigungen blitzschnell möglich werden, auch über Tätigkeiten und Meinungsmache. Zu Umweltsünden und

Klimawandel kehren Meinungsmacher den Spieß um und erklären das bisher Aufgezeigte ins Umgekehrte, es fände gar kein Klimawandel durch Umweltsünden statt. Spätestens seit Flüchtlinge ‚westlich' gelandet sind, weiß man in notleidenden Ländern, dass trotz gegenteiliger Aussage der Meinungsmacher Hilfsgelder angekommen sind. Wie oft sind schon Wirtschaftskrisen von der Meinungsmache als unnsinnig verworfen worden. Und politische Gefahren werden oftmals erst durch Beeinflussungen heraufbeschworen, auch bei Kriminalität. Zur Zeit haben wir die Corona-Pandemie und die zugehörige Meinungsmache läuft digital über. Bei Atommüll wird manches nicht in richtige Bahnen gelenkt und „klein reden" wird zur Meinungsmache.

Wir haben Fernsehmoderatoren, Smartphone-Blogger u.a., die wahrheitsgemäß Worte, Bilder und Filme als Nachrichten, Informationen , Unterhaltung vermitteln. Aber auch Interview von Reportern mit Persönlichkeiten werden in Wort und Bild übermittelt.. Entsprechend Doku, Serien, Filme u.a. Hier ist Einflussnahme nicht die Regel, aber oft unbewusst wirkend, wie über Tonfall, Betonungen, Wiederholungen, Streitgesprächen u.a.m. Das gleiche gilt bei Wahlen; hier hat auch die Presse einen Wirkungsgrad, das Fernsehen mit Hochrechnungen. Man wundert sich,

dass ein kleiner Fehler der Regierenden von Moderatoren oft hochbetonend und wiederholend, von anderen auch, mehrmals am Tag und – insbesondere kurz
vor den Wahlen aufgezeigt werden. Doch es bleibt
aufzeigend unbewusst aber mit Wirkung: regierende
Parteien purzeln mit mehreren % in Hochrechnungen
nach unten.

Verheerend erschreckend ist die digital mögliche
Meimnungsmache, die gezielt lenken, ja bewusst beeinflussen will. Sie machen Privatpersonen wie Fami-
lien unglücklich und die Nachbarschaft beginnt zu
munkeln.

Im Grunde gehört auch Cybermobbing zur Meinungsmache im persönlichen Bereich, in der Regel
auf Smartphone.

Meine abschließenden Gedanken:

Bewusste Einflussnahme, gemachter, belastender
Meinungen sind nicht nachvollziehbar, ja ungeho-
belt...Unbewusste Meinungsmache belastet leicht ab-
geschwächt, ist aber in aller Regel Moderatoren u.a.
nicht bewusst und ist ein begreifbarer scharfer Mei-
nungsstreit, wie auch immer....

Es ist und bleibt unsere diesmal bewusste, aber wertvolle Meinungsfreiheit.

Ihr Bauer Ohle

2. Flüchtlinge

Während die zuvor beschriebene Meinungsmache Einfluss auf alle Menschheitsprobleme nimmt, fliehen Flüchtlinge weltweit, vor allem bei Kriegen, auch Terror sowie Armut Hunger und Durst aus ihrem Land und werden selbst zum Menschheitsproblem von Diskriminierungen (s. hierzu 6.2), sowie Verlust von Angehörigen, Eigentum wie Heimat. Der Aufbruch und Zustrom von Flüchtlingen ist also weltweit.

Das statistische BA in Deutschland weist in der amtliche Statistik aus:

- 19.3 Mio Menschen mit Migrationshintergrund
- 11.2 Mio ausländische Bevölkerung
- Rd. 113 Tsd Einbürgerungen

Aber Zahlen unterliegen den Veränderungen. Europa und damit auch Deutschland ist das Flüchtlingsziel von Flüchtlingen aus nahen Kriegsgebieten und Nordafrika. Die von Statistischen Bundesamt (BA) genannten Zahlen zeigen auf, dass Deutschland innerhalb Europa wohl ein sehr freundliches Aufnahmeland ist. Aber Europa schottet sich immer mehr ab, weder das Schengener Abkommen von 1985 noch das Dubliner Übereinkommen von 1990 wurden und werden von den Ländern beachtet. Losgelöst von Europas „Ausgrenzen - Verriegeln" versuchen es

Flüchtlinge weiterhin über das Mittelmeer, überwiegend aus Syrien-Türkei nach Griechenland oder aus Nordafrika nach Italien, Malta, Spanien, auf dem Landweg über die Türkei-Griechenland nach Europa zu kommen. Aber viel Leid und Strapazen sind auf den Fluchtwegen die Begleiter. Die Träume von Europa entfernen sich immer mehr.

Meine abschließenden Gedanken:

Wenn Kriege und Terror vermieden und in unterentwickelten Ländern weitreichende Hilfen für Auf- und Umbau dieser Länder gewährt würden, könnten vielleicht in der eigenen Heimat aus ursprünglichen Fluchtplänen Lebensträume verwirklicht werden.

Ihr Bauer Ohle

3.Angst - Hoffnung

Krieg und Terror zerstören das Umfeld, Hab und Gut gehen verloren, schlimmer noch, Angehörige sterben oder werden an Laib und Seele verletzt. Diese künftigen Gefahren werden mit den modernen Waffen der Zukunft (ohne sie zu nennen) vielschichtige Zerstörungen mit unermesslichem Ausmaß erreichen; das macht Angst. Die lebensnahe Hoffnung ist: miteinander reden! Also die wörtliche Umkehr des bekannten Sprichwortes:' Reden ist Silber, Schweigen ist Gold'. Aber den Sinn des Sprichwortes sollte man beherzigen: Sich nicht um Kopf und Kragen reden, die Vernunft beim miteinander reden sollte obsiegen.

Umweltsünden und Klimawandel hat als Thema rund um den Erdball die Menschen erreicht. Die zur Zeit in allen Erdteilen auftretenden Erderwärmun- gen, Unwetterkapriolen oder Waldbrände machen inzwischen den Menschen nicht nur Angst, sie verlieren in den verheerenden Katastrophen ihr Leben oder Haus und Hausrat, manchmal auch die berufliche Substanz.

Und so sind wir in der Gegenwart auch verpflichtet, generationsübergreifend nachhaltig zu leben. Die Hoffnung wächst, dass die Menschheit immer mehr bereit ist, wirklich klimaneutral zu leben und die Politik diese Notwendigkeit ungebremst lenkt.

Armut, Durst und Hunger auf unserem Erdball müssten nicht sein, und es macht Angst, dass es sogar noch schlimmer werden könnte; jedenfalls lässt der Klimawandel auf der einen und die fortschreitende Digitalisierung mit einer erhöhten Arbeitslosigkeit auf der anderen Seite aufhorchen.

Hoffnung machen, dass die Menschheit mit ihren politischen Führungen den Klimawandel stoppt und Arbeitslosigkeit verschwindet. Hierzu bedarf es einer Veränderung in der Gesellschaft, nämlich Menschen in der ‚Produktion ‘und die in der ‚Beschäftigung‘ (ehemalige Arbeitslose), also auch mit gleichen Zeiten, auf der einen Arbeitszeiten, auf der anderen Beschäftigungszeiten (z.B. Sport-, Lern-, Sozialbeschäftigung). Die Bezahlung wäre vergleichbar zu heute: Vertragslohn nach Tarif und Beschäftigungsgeld.

Wirtschaftskrisen können verschiedene Ursachen haben, meist kriselt es in der Konjunktur. Menschen des jeweiligen Landes haben berechtigte Angst, dass ihr Erspartes große Verluste erleidet, oder, dass sie am Hungertuch nagen müssen; oft passiert beides. Das wirklich Ärgerliche dabei ist oft menschliches Versagen über Spekulationen, oft auch über Warenpreise, die den Weltmarkt beeinflussen, aber ein Börsencrash schafft gleiches Elend, und manchmal saniert sich auch der Staat.

Hoffnung auf bessere Zeiten sind immer berechtigt, so über weltweite Hilfen von Ausgleichssanierungen, neue Währungen, gar Geldformen.

Denn: Geld will Geld verdienen....

Politische Gefahren können von einer Demokratie genau so wie von einer Diktatur ausgehen. Und Diskriminierungen sind in beiden Staatsformen zu finden, leider. Von daher macht das Angst.

Aber die Hoffnung stirbt zuletzt, vor allem, wenneine Demokratie ein wenig schwächelt oder Diskriminierungen die Regel sind, vor allem im Außenhandel.

Doch zwischenmenschliche Diskriminierungen sind überflüssig, wenn wir uns die Gedankengänge unserer Vorfahren zu eigen machen (s.6.2)

Kriminalität im allgemeinen oder Cyberkriminalität machen Angst, weil manche körperlichen Leidenserlebnisse oder finanzielle Verluste damit verbunden sind.

Hoffnung macht, wenn man Kriminalität als Belastung erkennt und das gesamte Umfeld als Gefahrenlandschaft des Ungewissen betrachtet.

Pandemien hatten wir schon vor Jahrhunderten in Deutschland. Nun ist es Corvid 19, was uns belastet. Bisher haben sich rund 5% der Bevölkerung mit

Corona angesteckt, d.h. bis Ende Juni 2021. In diesem Zeitraum hatten wir 91.986 Todesfälle, das macht Angst, aber auch die schweren Verläufe und Folgebelastungen.

Hoffnung macht die Impfforschung, die in kürzester Zeit für den Virus und seine Mutanten verschiedene Impfstoffe an unterschiedlichen Orten entwickelt haben. In Deutschland und anderen Ländern wurden Erst- und Zweitimpfungen durchgeführt, die gegen Corona und bisherige Mutanten schützen. Aber das Ziel, nicht nur den Einzelnen zu schützen, sondern eine sogenannte Herdenimmunität, also den Gemeinschaftsschutz durch freiwillige Impfung zu erreichen, verlangsamt sich. Mit etwas 80% Geimpfter der Gesamtbevölkerung (1.und 2. Impfung) wäre dieses erreichbar. Vielleicht könnten Impfkampagnen beschleunigen, dann könnten wir es bis zum Herbst schaffen.

In der Pandemie wurde noch etwas anderes deutlich, die große Gefahr des Pflegenotstandes, das macht wirklich Angst. Aber vermutlich auch Hoffnung, denn den Pflegedienst an kranken und älteren Menschen werden künftige Tarifpartner zu würdigen wissen.

Atommüll strahlt, aber nicht im Lichterschein, sondern in seinen Lagerstätten bedroht er ständig mit radioaktiven Strahlen. Sie belasten die Gesundheit der Menschen, oft tödlich; der Atommüll macht Angst.

Die Politik als Gesamtheit der Gewaltenteilung und die beauftragte BGE geben die Hoffnung europa- und weltweit, ein menschenleeres Plätzchen und dort in 300 Meter Tiefe ein wasserdichtes Gestein zu finden. Denn der Zeitablauf der Lagerung dauert 1 Mio Jahre(!), d.h. man muss für tausende von Generationen vorplanen, also einen Zeitablauf, der 10x länger ist, als je Menschen auf unserer guten, alten Erde gelebt haben, eine kaum nachvollziehbare Verantwortung.....

Auswirkungen haben Menschheitsprobleme immer weltweit. Von daher sind es nur Splitter, die aufgezeigt werden konnten.

Meine abschließenden Gedanken:

‚Angst und Hoffnung' spiegeln in Kürze meine Gedanken wider.

Ihr Bauer Ohle

Ein Wort danach

Wenn man das Gesamtbild der Artenvielfalt unserer Erdbewohner betrachtet, bekommt der Mensch mit seiner zusätzlichen Intelligenz aber seinem oft unverständlichen Verhalten miteinander und gegenüber der unermesslichen Anzahl seiner Mitbewohner der Artenvielfalt keine gute Gesamtnote, allein die beschriebenen weltweiten Menschheitsprobleme zeigen dies auf.Sicherlich möchte niemand mit irgend einem Menschheitsproblem in Berührung kommen, es müsste ja auch nicht sein, aber plötzlich.....

In Deutschland und vielen europäischen Ländern gab es zwar 70 Jahre lang keinen Krieg, aber terroristische Anschläge, und in westlichen Staaten gibt es auch Armut, Wirtschaftskrisen, Kriminalität, politische Gefahren und auch wieder Pandemien; hier helfen staatliche Steuerungen sowie forschen, handeln und lindern. Doch ist es immer wieder erschreckend, wenn zu diesen Problemen Zahlen genannt werden, leider, und manchmal steigend und manchmal fallend....

Noch beschämender ist, dass wir weltweit, vor allem auch in Deutschland den Klimawandel und zugehörigen Umweltsünden nicht in den Griff bekommen. Das gleiche gilt für den Atommüll. Hier müssten weltweit Lösungen gefunden werden, möglichst schon morgen. Denn die Zeituhr tickt beim Klimawandel, oft durch tägliche Umweltsünden noch erhöht.; Unwetter, Trockenheit, erhöhte Erwärmungen, Gletscherabschmelzungen u.a. machen sich bereits bemerkbar.

Die Frage: „Wohin mit dem Atommüll?" lässt sich in den dicht besiedelten Staaten kaum, das heißt nicht sicher lösen. Das sichere Endlager für radioaktiven Müll sollte in unbesiedeltem Umkreis europaweit... oder sonst auf unserer Weltkarte gesucht werden. Denn die Verweildauer des radioaktiven Atommülls dauert 10x länger als Menschen überhaupt auf dem Erdball bis heute gelebt haben, 1 Mio Jahre! Vielleicht vorstellbar, auch möglich ist, wenn in diesem unbesiedelten Umfeld wasserundurchlässiges Gestein in der vorgesehenen Tiefe von 300 m der Erdkruste die radioaktiven Strahlungen absichert.

Und Bauer Ohle ergänzt:

Menschen, die nicht begreifen, ab sofort mitzuhelfen, Menschheitsprobleme zu mildern, vor allem den Klimawandel, die legen heute schon den Grundstein für morgen, für ihre eigenen Generationen ein Katrastrophen-Zeitalter   vorbereitet zu haben.

Fundstellenverzeichnis

- Archivunterlagen und Aufzeichnungen des Verfassers
- Atlas zur Weltgeschichte (Kinder/Hilgermann)
- Bildung (bpb Themen)
- Bundesagentur für Arbeit
- Bundesanzeiger
- BEG- Bundesgesellschaft für Endlager
- BEZ- Gesellschaft für Zwischenlagerung mbH
- Bundesministerium der Finanzen
- Bundesministerium des Innern
- Bundesministerium für Bildung und Forschung
- Bundesministerium für Gesundheit
- Bundesministerium für Verkehr und digitale Infrastruktur
- Bundesministerium für Wirtschaft und Energie
- Bundesrechnungshof
- Bundeszentrale für politisches Business
- DGB
- Deutschlands Urgeschichte (Schwantas)
- Fachliteratur
- Wirtschaftslexikon (Gabler)
- Geo-Daten
- Geschichte der deutschen Kultur
- Großer Atlas zur Weltgeschichte (Westermann)
- Lebensweisheiten

- Meyers großes Taschenlexikon
- Pressemitteilungen
- Strafgesetzbuch (StGB)
- Umweltbundesamt(UBA)
- Untersuchungen von Greenpeace
- Volksmund
- Weltgeschichte(Rauke)

Zeitfracht Medien GmbH
Ferdinand-Jühlke-Straße 7
99095 Erfurt, Deutschland
produktsicherheit@kolibri360.de